SOCIÉTÉ DES AMIS DU LUXEMBOURG

UN
OFFICE DE GARANTIE

DES

œuvres artistiques

PAR

José THÉRY

AVOCAT A LA COUR D'APPEL DE PARIS

PARIS

IMPRIMERIE FRANÇAISE, J. DANGON, 123, RUE MONTMARTRE

—

1905

SOCIÉTE DES AMIS DU LUXEMBOURG

UN

OFFICE DE GARANTIE

DES

ŒUVRES ARTISTIQUES

PAR

José THÉRY

AVOCAT A LA COUR D'APPEL DE PARIS

PARIS

IMPRIMERIE FRANÇAISE, J. DANGON, 123, RUE MONTMARTRE

1905

OFFICE DE GARANTIE

ŒUVRES ARTISTIQUES

**Principes sur lesquels repose sa conception.
Les résultats qu'il assurerait (1)**

La Société des *Amis du Luxembourg*, s'inspirant d'une préoccupation déjà ancienne, et tout à fait équitable, recherche les moyens d'assurer aux artistes et à leurs héritiers, un droit sur le prix des ventes successives de leurs œuvres.

De nombreux projets ont été présentés à cet effet.

D'une manière générale, l'économie des systèmes proposés consiste à *intervenir d'autorité, par la force de la loi,* dans chaque vente d'œuvre d'art, pour prélever sur le prix un droit au profit de l'artiste ou de ses représentants.

Immédiatement, apparaît le danger d'un semblable procédé.

Sous prétexte de protéger l'artiste, on lui porterait, en définitive, le plus grave préjudice, en entravant la vente et la circulation des œuvres d'art.

En effet, si l'on frappe de droits fiscaux la propriété de l'œuvre artistique, ne serait-ce que de droits de mutation ; si l'on édicte des pénalités contre ceux qui ne respecteraient pas les règles imposées pour sa trans-

---

(1) Les idées générales qui suivent ont été exposées déjà dans un ticle publié par le *Mercure de France* du 1ᵉʳ Août 1904.

mission ; si l'on entoure cette transmission de diffi-
cultés, de charges et de sanctions, comportant des droits
de contrôle, avec l'inquisition et les tracasseries qui en
sont inséparables, le résultat sera surtout « de faire
réfléchir les gens qui achètent encore de la peinture »,
et vraisemblablement « de rebuter l'amateur ».

Il faut donc découvrir une solution qui ne porte aucune atteinte à la liberté de la vente et de la circulation
des œuvres d'art.

Pour y parvenir, il est d'abord nécessaire de dégager,
par une analyse rigoureuse, les éléments qui forment
la valeur d'une œuvre artistique, puis rechercher si,
parmi eux, ne s'en trouvent pas sur lesquels l'auteur
puisse conserver un droit perpétuel et d'un exercice
facile.

La valeur d'une œuvre d'art comprend, comme premier élément, la valeur de l'objet matériel dans lequel
s'est exprimée la conception de l'artiste.

Sauf certains cas exceptionels, comme ceux de peinture ou de ciselure sur les matières précieuses, ce premier élément est de peu d'importance. Il n'est suscep-
tible d'aucune affectation spéciale au profit de l'artiste.
En tant qu'objet matériel, l'œuvre d'art appartient et
doit appartenir, sans restriction aucune, à celui qui en
est possesseur.

Le second élément est la valeur artistique de la conception et de l'expression donnée à cette conception.

Dans l'exemplaire vendu, la conception et l'objet
matériel sont et demeureront toujours confondus et,
(sauf le droit de reproduction) rien de cet élément ne
peut être réservé au profit de l'artiste.

A côté de ces deux éléments, il en existe un troisième
dont, jusqu'ici, personne ne s'est préoccupé, et qui,
cependant, est le plus important : c'est *l'authenticité*.

Un tableau, ne vaut pas un prix très élevé parce qu'il
est une toile peinte, et parce que la peinture a une

grande valeur artistique ; il atteint à ce prix élevé surtout parce qu'il est l'œuvre de tel peintre renommé.

L'authenticité, voilà le véritable élément qui intervient dans chaque transmission pour donner la valeur à l'objet vendu, et particulièrement pour créer les plus-values.

Il suffit donc d'organiser un système qui laissera aux mains de l'auteur exclusivement, la garantie de cette authenticité, pour qu'à chaque transmission, le nouvel acquéreur soit amené, par sa propre volonté, à venir solliciter de l'artiste cette garantie, sans laquelle l'œuvre perdrait la plus grande partie de sa valeur.

Ainsi, sans loi spéciale, sans entraves à la libre circulation des œuvres d'art, sans droits fiscaux, sans pénalités, sans inquisitions, sans tracasseries, l'artiste suivra son œuvre, et pourra demeurer associé à sa bonne fortune.

Reste à voir comment, dans chaque transmission de ses œuvres, la garantie d'authenticité sera réservée à l'artiste.

Actuellement, cette garantie d'authenticité est fournie : par la signature, — par la facture de l'exécution, — par l'avis des experts.

Ces trois preuves, même réunies, ne forment, à la vérité, qu'une garantie bien précaire.

La signature et la facture d'un peintre sont couramment imitées, et parfois, avec une perfection extraordinaire qui ferait hésiter les connaisseurs les plus éclairés. Combien y a-t-il, de par le monde, de faux Corot ? Ils sont si nombreux, et si bien exécutés parfois, qu'il n'y a plus de certitude d'authenticité, sauf pour quelques morceaux notoires ; et encore...

Quant à l'avis des experts, mieux vaut n'en point parler.

De sorte qu'à l'heure actuelle, les œuvres d'art circulent, sans aucune garantie d'authenticité. Aussi les faux, même à l'égard des artistes vivants, n'ont-ils jamais été aussi nombreux.

Pour être maîtres de la garantie d'authenticité de leurs œuvres, les artistes n'ont qu'à se grouper et à former une association qui pourrait s'appeler « *Office de garantie des œuvres artistiques* ».

Voici quelle serait l'économie de cette organisation.

Chaque fois qu'un artiste associé vendrait une œuvre, il devrait en faire la déclaration à la Société, et lui présenter l'œuvre vendue.

Une sorte d'acte d'état civil serait immédiatement dressé, et inscrit sur les registres de l'office.

Cet acte contiendrait : le nom de l'auteur, la photographie du tableau ou de la statue, avec ses dimensions, ses marques particulières. En outre, il indiquerait le nom de l'acheteur, le prix, la date et toutes les circonstances de la vente.

Toutes ces indications conservées dans les archives de la Société seraient reproduites dans un livret remis à l'acheteur, en même temps que l'œuvre elle-même.

Cette inscription et la délivrance du livret ne donneraient lieu qu'à la perception d'un droit minime.

Elles ne rebuteront donc pas l'amateur, bien au contraire, puisqu'elles lui procureront une garantie telle que, tant qu'il en restera propriétaire, l'authenticité de l'œuvre ne pourra jamais être contestée.

Si les artistes, particulièrement ceux dont les œuvres son actuellement les plus goûtées du public, veulent ainsi s'associer, le monde des amateurs s'habituera à considérer comme indispensable de posséder, en même temps qu'un tableau ou une statue, leurs certificats d'origine.

Et, lorsque cette habitude se sera implantée, lorsqu'on saura que les œuvres de tel artiste, pour être authentiques, doivent être accompagnées d'un livret émanant de l'*Office de garantie*, force sera bien aux

amateurs d'aller faire viser le livret à chaque transmission, pour faire officiellement attester que l'œuvre
transmise est bien l'œuvre originale. C'est alors qu'en
échange de son visa la Société, représentant l'artiste
ou ses héritiers, percevra un droit proportionnel ; droit
qui comprendrait un tantième sur le prix de vente, et
un tantième sur la plus-value, s'il y en avait une relativement à la précédente transaction.

On ne peut adresser à ce système les reproches que
provoquaient les projets critiqués au début de cette étu-
de.

Il ne nécessite la promulgation d'aucune nouvelle loi.

Il ne porte aucune atteinte au droit de propriété,
puisqu'il n'empêche pas l'acheteur de disposer à son
gré de l'objet qu'il a acquis.

Il ne viole aucune liberté, ne comporte ni vexation,
ni tracasserie, l'amateur demeurant absolument libre
de se procurer, ou non, la garantie d'authenticité dé-
livrée par l'*Office de garantie*.

Enfin, cette contribution que prélèvera l'artiste, en
échange de la garantie donnée, est parfaitement légitime.

Il n'est pas exact de prétendre que tout rapport est
détruit entre l'artiste et son œuvre, après qu'il l'a vendue.

Chaque manifestattion du génie ou du talent n'a pas
ses effets limités dans sa production immédiate. Elle
rayonne, au contraire, sur l'œuvre entière de l'artiste.
Toute partie de cette œuvre reçoit une valeur nouvelle
de chaque nouveau succès de l'auteur.

Les tableaux d'un même peintre ne constituent pas
autant de faits isolés, comme les objets sortant d'une
même fabrique. Ils sont solidaires entre eux ; et la
gloire gagnée par l'un rejaillit, dans une certaine me-
sure, sur tous les autres,

Ainsi, lorsqu'un artiste, s'éloignant des formules traditionnelles traduit sa conception avec originalité, ses premières tentatives échouent généralement ; mais, lorsqu'à force de ténacité, son talent triomphe des hostilités liguées contre les idées nouvelles, toutes ses œuvres qui, précédemment, avaient succombé, participent à la victoire finale, et, de raillées et dédaignées qu'elles étaient, deviennent immédiatement appréciées et recherchées.

Quand un tableau, que se disputent les amateurs, atteint des prix de plus en plus élevés, ils le doit moins à ses qualités qu'à son origine.

Si donc, pour conserver la preuve de cette filiation, source de profits, si pour maintenir l'objet qu'il possède, dans cette solidarité de gloire et de valeur qui unit toutes les œuvres d'un même auteur, le possesseur de cet objet a besoin du concours de l'artiste, n'est-il pas équitable que celui-ci prélève sa part sur la plus-value que ses efforts et son talent ont créée.

A ce propos, on élève fréquemment l'objection suivante : « Mais, lorsqu'il y aura une moins-value, « est-ce que l'artiste y participera, comme il a parti- « pé à la plus-value ; si on l'associe aux bénéfices, « n'est-il pas équitable qu'il soit également associé aux « pertes ? »

Cette objection ne résiste pas à un examen sérieux.

En effet, que se passe-t-il entre le vendeur de l'œuvre et l'artiste, lorsque ce dernier réclame un droit sur la plus-value ? L'artiste tient le langage suivant :

« Alors que j'étais ignoré ou moins connu, vous « m'avez acheté cette toile cinq cents francs ; main- « tenant que, par mon travail et mon talent, j'ai ac- « quis la célébrité, vous désirez tenir de moi (ou de « la société qui me représente) l'attestation que je suis « bien l'auteur de cette œuvre. Cela doit vous per-

« mettre de revendre le tableau cinq mille francs. Je
« trouve légitime de recevoir ma part sur cette plus-
« value, créée uniquement par moi et par la garantie
« d'authenticité que vous sollicitez.

« Et, si vous me dites que tout est fini entre nous
« depuis que nous m'avez acheté le tableau, que je n'ai
« plus le droit de vous réclamer quoi que ce soit, je
« vous répondrai que nous sommes bien d'accord,
« mais que vous, de votre côté, ne pourrez me deman-
« der rien en outre.

« Je ne vous oblige pas à venir prendre à l'*Office*
« cette garantie d'authenticité ; cependant, si vous
« croyez avoir intérêt à vous la procurer, il faut la
« payer. »

Le propriétaire du tableau s'incline, prend le certificat de garantie, et acquitte le droit sur cinq mille
francs, prix qu'il vend, nous supposons, le tableau. Il
y a eu entre lui et l'artiste l'exécution d'un accord
librement consenti de part et d'autre.

Maintenant, admettons que l'acheteur qui a payé
l'œuvre cinq mille francs, ne la revende ensuite que
trois mille.

En vertu de quel droit se retournerait-il vers l'artiste ? L'artiste ne lui a jamais rien demandé à lui.

Le droit qu'il a réclamé ne portait que sur le bénéfice réalisé par le vendeur, bénéfice définitif.

Entre cet acheteur et l'artiste, aucune convention ne
s'est établie au moment où le tableau était vendu cinq
mille francs. Tout s'est passé entre l'artiste et le vendeur.

Prenons un exemple : Une personne obtient, comme
rémunération de ses services un tantième sur le bénéfice résultant pour un propriétaire de la revente d'un
immeuble. Est-ce que l'acheteur de l'immeuble pourrait dans la suite, s'il le vend à perte, prétendre que
cette personne doit participer à la perte ?

Donc, en présence de la question posée sur sa véritable base, cette objection disparaît immédiatement.

Reste à rechercher maintenant si, une fois créé, l'*Office de garantie* donnera les résultats attendus ; c'est-à-dire si les amateurs consentiront à acquitter des droits, uniquement pour obtenir, en même temps que l'œuvre qu'ils achètent, un certificat de son authenticité ?

En ce qui concerne la première vente, celle consentie par l'artiste, on aura généralement recours à la Société.

D'abord parce que l'artiste y aura intérêt.

Ensuite, parce que la délivrance du livret, l'attestation originelle d'authenticité, devant avoir lieu pour un prix très minime, l'amateur ne manquera pas de réclamer cette garantie qui ajoutera de la valeur et de l'intérêt à son achat ; de sorte qu'il sera le premier qui poussera l'artiste à adhérer à l'association.

Voici donc un tableau, accompagné de son livret d'identité devenu la propriété de l'amateur. Celui-ci le vend à son tour.

Que va-t-il se passer ?

Si le nouvel acquéreur veut s'assurer que le tableau qui lui est vendu est bien celui dont le livret mentionne pour ainsi dire la naissance ; s'il veut lui conserver cet élément de valeur : *l'authenticité*, pour le jour où lui-même voudra le revendre, il est obligé d'avoir recours à l'*Office de garantie*.

L'Office contrôle alors l'authenticité de l'œuvre, vérifie si le tableau qui fait l'objet de la vente, est bien celui qui fut vendu par l'artiste, celui auquel s'applique le livret.

Cette vérification faite, il inscrit sur ses registres la nouvelle mutation avec toutes ses circonstances et conditions.

L'inscription est reproduite exactement sur le livret remis à l'acquéreur.

Ce dernier aura donc, pour lui-même, et vis-à-vis des tiers, la preuve qu'il est bien propriétaire du tableau, et que celui-ci est parfaitement authentique. En même temps que l'œuvre, il en possède toute l'histoire, consignée dans un document officiel.

Mais, cette seconde formalité ne s'accomplira pas aux mêmes conditions que la première. Ce n'est plus l'artiste qui vend ; par conséquent son intervention, par la Société qui le représente, en vue d'authentiquer l'œuvre, de conserver sa valeur ou d'y ajouter, mérite une rétribution.

C'est pourquoi l'*Office de garantie* n'inscrira la mutation sur ses registres et le livret, en un mot, ne délivrera son certificat que contre l'acquit d'un droit.

Ce droit sera proportionnel et se composera : d'un tantième sur le prix de vente, et d'un tantième sur la plus-value, par rapport à la précédente mutation.

Les sommes seront perçues au profit de l'artiste ou de ses représentants, à l'exception d'une part destinée à couvrir les frais d'administration.

On ne manquera pas d'objecter qu'il est probable que les amateurs renonceront à cette garantie pour éviter d'en payer le prix.

Ceci est possible, mais non probable.

Certes, et c'est le principal mérite du système, la circulation des œuvres d'art demeurera libre, comme par le passé ; cependant il est certain que l'amateur, soucieux de ses intérêts, ne voudra pas, pour une économie relativement faible, compromettre la valeur d'une œuvre qu'il aura payée souvent très cher.

Chaque jour, pour des choses moins intéressantes que des tableaux, ne voyons-nous pas des prix très élevés être consentis en échange d'une garantie d'origine ?

Quelles que soient les qualités d'un chien ou d'un cheval, ils ne sont vendus à haut prix qu'autant qu'ils sont accompagnés de certificats d'origine parfaitement en règle.

Or, les amateurs d'œuvres d'art ont, maintes fois, donné la preuve qu'ils ne sont pas moins disposés à consentir des sacrifices pour avoir la certitude de posséder une œuvre authentique.

Et puis, en dehors de cette satisfaction personnelle que l'amateur tire de cette certitude, et qui a bien son prix, il y a une autre considération qui l'empêchera de s'affranchir du contrôle de l'*Office de garantie*.

Tout amateur, même celui qui ne spécule pas, songe toujours à la revente possible du tableau qu'il achète.

Il ne pourra pas oublier que ce tableau est de ceux qui, pour être d'une authenticité indiscutable, doivent être accompagnés d'un livret mentionnant exactement les mutations qu'ils ont subies ; et que cette pièce sera tout d'abord réclamée par les acquéreurs futurs.

Son intérêt sera donc, en achetant le tableau, de faire inscrire, d'accord avec le vendeur, la mutation à l'*Office de garantie*.

On objectera, ensuite, que les amateurs auront, en tout cas, un moyen bien simple de se soustraire aux exigences pécuniaires de l'*Office de garantie*.

Ils n'auront, en faisant inscrire leur acquisition, qu'à déclarer un prix minime, ou n'en pas déclarer, de sorte qu'ils obtiendront le certificat d'authenticité en échange d'un droit insignifiant.

Et, on ne manquera pas de d'invoquer l'exemple des dissimulations commises chaque jour, dans les actes, pour éviter une partie des droits d'enregistrement.

Quiconque connaît les amateurs d'art sait que cette éventualité n'est pas à redouter.

Il peut être indifférent à l'acheteur d'un fonds de commerce, par exemple, que le prix apparent soit inférieur au prix réel ; mais, il n'en est pas de même de l'amateur d'œuvres d'art.

Celui-ci est fier du prix qu'il met à ses acquisitions ; il tendrait plutôt à le majorer qu'à le diminuer, et ceci, non seulement par satisfaction d'amour-propre, mais aussi afin de ne pas déprécier la valeur de vente du tableau.

Par conséquent, il semble certain que le jour où les artistes voudront s'associer pour fonder cet *Office de garantie*, toutes les ventes seront, par la force même des choses, déclarées exactement à cet Office ; et ainsi, très simplement sera organisé le moyen pour eux de participer aux bénéfices qui se réalisent dans les transactions opérées sur leurs œuvres.

La création de cet *Office de garantie* présenterait d'autres avantages non moins appréciables.

Tout d'abord, ce serait un remède souverain contre le « faux artistique » qui s'est singulièrement développé, ces derniers temps.

On ne se borne pas à fabriquer de fausses œuvres d'artistes morts, on en fabrique également d'artistes vivants.

Cette abondance de faux, marquée par une série de scandales, a provoqué dans le public une méfiance excessive, qui augmente chaque jour et constitue un réel danger pour l'avenir.

Déjà beaucoup n'osent plus acheter une œuvre d'une certaine valeur, redoutant d'être trompés.

Il est malheureusement certain que si on ne fait pas rapidement cesser cet état de choses, la crainte du faux deviendra une véritable obsession qui éloignera le public des ventes artistiques.

En s'affiliant à la Société l'artiste rendra impossible le commerce de faux commis sous son nom ; puisqu'à partir de ce moment chacune de ses productions, pour être tenue comme authentique, devra être accompagnée du certificat de garantie.

L'amateur qui connaîtra cette circonstance (et l'*Office de garantie* fera le nécessaire pour que les noms de ses associés soient largement portés à la connaissance du public) saura lorsqu'on lui présentera un tableau ou une statue sans leurs certificats d'origine, qu'il est en présence d'une œuvre d'authenticité douteuse. Et s'il veut être exactement renseigné, il lui suffira de s'adresser à la Société.

Ainsi tout commerce de faux sous le nom d'un artiste associé sera complètement impossible.

Si cependant, quelques faussaires obstinés essayaient de vendre leurs produits, à bas prix, à des gens absolument ignorants des conditions de vente et de garantie des œuvres d'art, l'*Office de garantie*, agissant au nom de ses associés, rechercherait ces faussaires et les poursuivrait à outrance.

De même, avec ce système de garantie d'authenticité, le trafic des œuvres d'art volées deviendrait absolument impossible.

L'organisation de l'*Office de garantie* donnerait encore plusieurs résultats d'un intérêt artistique considérable.

— Ses registres formeraient l'inventaire, exactement tenu à jour, des œuvres artistiques contemporaines.

A l'heure actuelle, lorsqu'un artiste a vendu son tableau ou sa statue, il en est généralement séparé pour toujours.

Sauf lorsqu'il vend pour un musée ou un établissement public, il ne sait ce que devient son œuvre, après qu'elle l'a quitté.

Le désir lui viendrait-il de revoir une de ses productions d'autrefois, il n'a aucun moyen de découvrir où elle se trouve, ni même de savoir si elle existe encore.

L'Office de garantie lui fournirait immédiatement ces renseignements. Par ses registres, il saurait quel fut le sort de son œuvre et qui la possède en dernier lieu.

— Lorsqu'on voudrait organiser une exposition des œuvres d'un artiste, les mêmes registres donneraient de suite les indications nécessaires pour pouvoir réunir ces œuvres dispersées à travers le monde.

— Enfin, il est facile d'apprécier les services que rendraient, pour l'histoire de l'art, les précieux renseignements conservés par cette Société.

La solution de la question ne dépend donc que des artistes. Il leur suffit de s'unir pour tirer immédiatement de leur association les féconds résultats qui viennent d'être exposés.

Sur ce terrain, leur accord doit être unanime ; il ne s'agit pas de faire triompher telle formule d'art contre telle autre, mais de défendre les droits de tous les artistes, sans exception.

Néanmoins, pour que la Société acquière de suite une autorité et une puissance qui l'imposent, il faut que les artistes arrivés à la renommée y apportent, les premiers, leur concours.

Nous sommes convaincus qu'ils ne le refuseront pas.

En agissant ainsi, ils ne défendront pas seulement leurs intérêts personnels ; ils accompliront encore un te de haute solidarité, en donnant aux jeunes artistes et à ceux que la fortune a moins favorisés, l'appui de la force qu'ils tirent de la situation conquise par leur talent et consacrée par la faveur du public.

Organisation et Fonctionnement
de l'Office de garantie

Un des avantages du système proposé, — et, ce n'est pas le moindre, — c'est que l'expérience peut en être faite à peu de frais, et que, « dans le cas où elle « échouerait, il n'en résulterait aucun dommage sé- « rieux pour personne », ainsi que l'a fait observer M. Ch. Lyon-Caen, de l'Institut, dans une communication qu'il fit à l'Académie des sciences morales et politiques, le 8 octobre 1904.

En effet, l'organisation matérielle de cet *Office de garantie* ne nécessiterait, au début, que des dépenses minimes comme local, personnel et matériel.

Nous n'avons pas l'intention de régler ici les détails de cette organisation ; ce sera l'affaire de la commission instituée à cet effet ; d'ailleurs, en cette matière, rien n'est jamais définitif ; l'expérience quotidienne et les circonstances indiquent les perfectionnements et les simplifications qu'il convient d'apporter à l'organisation. Nous ne pouvons qu'en arrêter les grandes lignes.

I. — Ce qui se passera quand l'artiste vendra
son œuvre.

L'artiste fait porter son œuvre à l'*Office de garantie* où va être dressé son acte de naissance.

Sur la page d'un registre on inscrit :

1° Les nom et prénoms de l'artiste, avec une très brève notice sur sa vie et sur sa carrière artistique.

2° Le titre du tableau — ses dimensions — les expositions où il a figuré — les récompenses qu'il a obtenues.

3° Le nom et l'adresse de l'acheteur, les conditions de la vente.

4° Une reproduction photographique est collée sur cette page et timbrée à sec.

Toutes ces indications sont certifiées par la signature de l'artiste et de l'acheteur.

Elles sont ensuite textuellement reproduites sur un livret auquel est annexée la même reproduction photographique, également timbrée.

C'est ce livret qui est remis à l'acheteur. Enfin, au dos de l'œuvre est apposé le cachet de l'*Office de garantie* ; et, dans un espace réservé à l'intérieur de ce cachet, on mentionne le numéro d'immatriculation, ainsi que les chiffres des volume et page où cette immatriculation fut faite.

Ces dernières indications ne sont pas portées au livret ; on verra plus loin dans quel but.

Donc, en résumé, les formalités sont des plus simples ; la plus grande dépense qu'elles nécessitent, c'est la confection de deux épreuves photographiques. Quelques minutes suffiront pour ces opérations.

Objectera-t-on que le transport de l'œuvre au siège de la Société sera souvent très gênant, parfois impossible !

Dans ces cas, sur la demande de l'artiste, un agent de l'*Office* se transportera à l'atelier, et y fera, sur place, l'immatriculation. Il suffira de fixer une rémunération spéciale pour le surcroît de dérangement et de frais qui en résultera.

Voyons maintenant si, pour les autres mutations les opérations seront plus compliquées.

II. — *Ce qui se passera quand l'acheteur revendra l'œuvre.*

1er Cas. — *Le tableau est à Paris où habitent également le vendeur et l'acquéreur.*

Tout s'effectuera rapidement et facilement. L'œuvre et le livret seront portés à l'*Office*, on vérifiera l'authenticité de l'une et de l'autre, en les confrontant

avec la page où fut faite l'immatriculation, et la mutation déclarée sera inscrite sur le registre et transcrite au livret, avec la signature de l'acquéreur et du vendeur.

Pour éviter le transport de l'œuvre, on pourra également demander qu'un agent de l'*Office* se déplace et vienne à domicile enregistrer la mutation.

2° Cas. — Le tableau est loin de Paris ; l'acquérenr et le vendeur ne peuvent se déplacer et venir au siège de l'Office.

L'agent de la Société pour la région, recevra la déclaration qu'il enverra à l'*Office de garantie*, avec le livret, après avoir relevé les indications contenues dans le cachet mis au dos de l'œuvre. Ces dernières ne figurent pas au livret. Elles n'existent que sur l'œuvre et sur le registre. Si elles sont exactes, c'est que l'œuvre présentée à l'agent est bien l'œuvre inscrite.

L'administration de l'*Office*, une fois cette vérification faite, avise par lettre recommandée le propriétaire de l'œuvre, de la demande de mutation transmise en son nom, puis, si elle ne reçoit de sa part aucune protestation, enregistre la mutation, et la reproduit sur le livret qu'elle retourne à l'agent.

Comme l'acquéreur et le vendeur, qui ont signé sur le livret, ne peuvent venir signer sur le registre, qui ne doit jamais quitter le siège social, on annexe à la page du registre le bulletin que l'agent leur a fait signer et qui a été envoyé avec le livret.

Dans les deux cas, l'opération est très simple et n'occasionnera que des frais de poste.

Bien entendu, le second cas vise aussi les transactions faites à l'étranger. La Société aura dans les villes importantes des agents, comme les autres Sociétés chargées des intérêts des auteurs dramatiques et des musiciens. Il lui en faudra beaucoup moins ; car les centres où se fait le commerce des tableaux ne sont pas très nombreux. Pour certains Etats, deux ou trois agents suffiront

La fraude sera-t-elle possible ?

Premier cas. — *C'est le propriétaire du tableau qui voudrait faire circuler un faux avec la garantie d'authenticité.*

Pour cela, il fait faire une copie très exacte, sur laquelle il appose, en commettant *un faux*, le timbre de l'*Office de garantie.*

Il pourra ainsi, peut-être, substituer une copie à l'original ; mais quel profit tirera-t-il de cette faute si grave et qui aura les plus grandes chances d'être découverte ?

Il vendra cette copie, soit ; mais l'original, qu'en fera-t-il ?

Il ne pourra plus le vendre, puisqu'il se sera dessaisi du livret, circulant maintenant avec la copie.

Le mettre en vente, ce serait révéler immédiatement la fraude.

Bien plus, il ne pourra même plus conserver chez lui, laisser voir cet original, sans risquer de faire découvrir la vérité. Il sera obligé de le détruire ou, tout au moins, de le cacher.

Une telle fraude, qui ne donne aucun profit et contient des risques si graves, ne pourrait être que l'œuvre d'un maniaque, et constitue une éventualité tellement improbable qu'il est inutile de s'y arrêter.

Deuxième cas. — *La fraude est tentée en dehors du propriétaire de l'œuvre.*

A. — Un faussaire habile parvient, par exemple, soit par copie, soit par reconstitution, à faire un tableau reproduisant exactement l'original.

Il ne pourra vendre l'œuvre puisqu'il n'y pourra joindre le livret.

B. — Supposons que, par un vol, il ait pu se procurer ce livret, à l'insu du propriétaire.

La fraude sera immédiatement découverte.

Tout d'abord, parce que le livret ne lui aura pas indiqué les chiffres de contrôle que contient le cachet mis au dos de l'œuvre. Par cela seul, ou bien il ne pourra présenter le tableau à l'*Office de garantie*, ou, s'il le présente, la fraude sera découverte sur le champ.

C. — Mais allons plus loin, admettons que le faussaire ait pu, non seulement faire voler le livret, mais aussi faire relever les mentions du timbre, que sa copie soit parfaite et que le timbre soit imité on ne peut plus exactement.

Même dans ce cas, il ne pourra vendre son faux avec la garantie de l'*Office*.

En effet, chaque fois qu'elle reçoit l'avis d'une mutation, la Société, avant de l'inscrire, avise, par lettre recommandée, celui qui, d'après ses registres, est le propriétaire de l'œuvre.

Ce dernier, dans le cas que nous examinons, ne manquera pas de protester et s'apercevra immédiatement du vol dont il a été victime.

Pour la même raison, celui qui déroberait un tableau ne pourrait le vendre, quand bien même il aurait en même temps dérobé le livret.

Donc, par un fonctionnement très simple, sans frais, sans paperasserie, sans tracasserie, l'*Office de garantie* protège les œuvres d'art contre le faux et le vol.

Ce sont là des résultats appréciables. Pour une telle assurance, une prime peut bien être demandée.

Perception des droits

I. — Pour l'immatriculation du début, les droits seraient aussi peu élevés que possible.

Ils pourraient n'être pas uniformes et être proportionnés au prix déclaré, mais toujours, sans que cette proportion puisse dépasser un chiffre relativement faible.

Par exemple, le droit d'immatriculation serait de cinq francs pour les œuvres déclarées sans indication de prix (car, sur ce point, la liberté la plus absolue doit être laissée) ou avec un prix inférieur à cinq cents francs ; de dix francs pour un prix de cinq cents à mille francs ; de vingt francs, pour un prix de mille à cinq mille francs et de cinquante francs pour les prix au-dessus de cinq mille francs.

Ces chiffres ne sont, bien entendu, pris qu'à titre d'exemple ; c'est aux artistes eux-mêmes qu'il appartiendra de les fixer.

II. — Le droit perçu à chaque mutation serait proportionnel et se décomposerait en deux parties :

1° Un droit sur le prix de la vente ;

2° Un droit sur la plus-value, s'il en existe une, entre le prix de cette vente et celui de la vente précédente.

Par exemple, un tableau acheté deux mille francs est revendu dix mille francs ; le droit serait ainsi perçu :

1° x % sur 10,000 francs, prix de la vente ;

2° x % sur 8,000 francs, plus-value.

Un simple droit fixe sera perçu, lorsqu'aucun prix n'aura jamais été déclaré pour l'œuvre.

Lorsqu'une mutation sera déclarée sans indication de prix, alors qu'un prix aura été mentionné dans les précédentes ventes de l'œuvre, le droit proportionnel du prix de vente sera perçu sur le dernier prix déclaré.

Répartition des droits perçus

C'est aux artistes qu'il appartiendra de déterminer cette répartition.

En principe, les droits perçus doivent revenir à l'artiste ou à ses représentants, après prélèvement d'une participation en vue de couvrir les frais de gestion.

Les artistes verront également si ces droits doivent appartenir aux représentants de l'artiste, sans limitation de durée après sa mort ; ou si, au contraire, ils ne doivent profiter à ces représentants que pendant un temps déterminé, cinquante ans après la mort, par exemple.

Ce sont là des questions de pure convention et qui doivent être résolues par les intéressés.

Décembre 1905.

Imp. Française, 123, r. Montmartre, Paris. — J. DANGON